ME DEJÉ VIVIR

Carlos Calvimontes Rojas

me dejé vivir...

Primera edición: 2015

© Carlos Calvimontes Rojas

urbtecto@gmail.com

ISBN 978-956-358-504-9

Reservados todos los derechos.

Esta obra es propiedad intelectual de su autor. Está prohibida su reproducción total o parcial en cualquier medio.

Para mis nietos

ME DEJÉ VIVIR

Preámbulo

Series en lugares

      La Florencia del Elba
      Semiótica de La Paz
      El Corazón de Coyoacán
      Entorno de La Paz
      Pináculos en Santiago

Series en técnicas

      Acuarelas en gris
      Garabatos con lápiz

Viendo en dos mundos

      América
      Europa

Y de yapa…

      Dibujos de un trazo

PREÁMBULO

Tengo en la memoria a todos los pueblos y ciudades donde me dejé vivir alguna vez, por diversos intereses o circunstancias; por eso ha sido para mí un referente tener la imagen de esos lugares donde estuve desde horas hasta años, sin contar a las urbes de las que, con algo parecido a la nostalgia, sólo tengo el recuerdo de sus puertos, estaciones o aeropuertos en raudo rumbo a otros destinos.

Las imágenes mentales que atesoro y he traducido en el papel son las de sitios —tan grandes en cultura como París, Roma, Praga, Dresde o Tiwanaku—, a los que fui llamado por la importancia de su valor y para tenerlos en el bagaje de mi satisfecha curiosidad intelectual. Otras podrían tener una menor significación cultural, pero me transportan también a hitos espaciales de mi existencia.

Mis series temáticas y cuadernos de viaje se publicaron en diferentes medios; algunas de sus ilustraciones han sido utilizadas por colegas u otras personas para ilustrar sus propios trabajos, unas veces consultándome para hacerlo y otras no; de cualquier manera, eso ha sido estimulante y me ha motivado a reunir todo lo posible de lo hecho hasta ahora: a pluma, lápiz, marcador y acuarela.

Las figuras realizadas —unas en minutos y otras con algo de cuidado— tienen la esencia de cada lugar, de lo intangible que aprecié en un momento como continente de formas y de espacios, lo que tiene de contexto: atmósfera con luces y sombras, profundidad de la perspectiva, la orientación y calidad de la luz; la magia que tiene cada sitio y la que me vuelve a la memoria: su arquetipo.

Desde la antigüedad en diferentes culturas se ha manifestado la idea de que cada lugar tiene un ser sobrenatural guardián con atributos semejantes, pero en la Roma clásica se abundó más la idea del *Genius Loci*, el espíritu de protección del lugar, a quien se le rendía culto. Ahora más que como un guardián se lo entiende y aprecia como el carácter y la atmósfera que lo distingue, su paisaje.

Y eso es lo que conservo agradecido y contento: el paisaje que impactó en mis sentidos y sentimientos de una u otra manera, lo que ciertos lugares y sus paisajes me dijeron hasta en fugaces momentos en escenas que se me han quedado grabadas. Al volver a ver su imagen puedo sentir lo mismo que me inspiró y que inundó mi ánimo cual expresión del genio del lugar que me acogió.

No he tenido el afán coleccionista de conocer lugares sin comprenderlos sino el de conocer y apreciar su esencia; y, con eso, disfrutar cada estadía por haber llegado a tener una buena relación con su genio. Así, nunca he sentido alguna animadversión a algún sitio determinado o tenido la sensación de ser rechazado; en mayor o menor grado me he sentido bien en todas partes.

Con ese contexto me dejé vivir inspirado por los espíritus de cada pueblo y ciudad, aún en los breves espacios de tiempo lejos de lo que se entiende propiamente por morar, como lo hice en una decena de ciudades. Al estar en un espacio y sujeto a su ambiente ha sido determinante para mí apreciar su atmósfera y sustancia, encontrando y entendiendo su identidad para sentirme compenetrado.

En esa grata interrelación he logrado identificar a la imagen del lugar, su *Gestalt*, con la sensación de pertenencia, haciendo que me identifique y oriente en la relación consentida que pudo llegar a ser de afecto. Aunque la pertenencia significa permanecer en algún lugar concreto, lo que he sentido en diferentes partes, en breves estancias, ha sido de tal intensidad que me he sentido integrado a ellas.

En el caso del lugar donde nací, La Paz, en las largas ausencias pensé en mostrar y conservar la imagen y el recuerdo de mi ciudad, escogiendo mentalmente los lugares que podrían tener un determinado significado con sus sentimientos y sensaciones, y recién cual peregrino en mi propia tierra logré lo que en tanto tiempo había acariciado, para interpretarlo, grabarlo mentalmente y plasmarlo en el papel.

Otros genios han correspondido con mi beneplácito porque me dejé vivir en los lugares que ellos tutelan y su evocación me transporta con las imágenes hechas con diferentes estilos, técnicas y materiales: Tiwanaku y su memoria milenaria, México D.F. y su añorado Coyoacán, Venecia con sus vericuetos acuáticos, Dresde con su hermosa arquitectura, Praga, Roma, San Juan de Puerto Rico, Lima, Santiago.

SERIES EN LUGARES

LA FLORENCIA DEL ELBA

DRESDE

Estuve con mi esposa en la Florencia del Elba la primera vez en el invierno 2003-04, de visita a uno de nuestros hijos y su familia, que residían en esa bella ciudad. En tranvía y a pie la exploré y conocí muy bien, admirando su arquitectura de históricos edificios barrocos, sus calles y plazas. Disfruté del maravilloso paisaje de viñedos del valle del Elba. Durante esa primera permanencia tuve tiempo para dibujar, pintar y tomar apuntes, con la única grata ocupación diaria de llevar a mi nieto Daniel a su colegio en las mañanas y recogerlo en las tardes, dedicándome a hacer lo que muestro a continuación. Me sentaba frente a sitios particularmente hermosos y, muchas veces con los guantes puestos, tomaba el papel y la pluma para dibujar.

Casco desde el Marienbrücke

Catedral Católica y Palacio

Vista del casco desde el Carolabrücke

Portada de la Corona del Swinger

Iglesia de San Francisco Javier

Academia de Bellas Artes

Schillerplatz

Palacio Albrechtsberg

Schloßstraße

Körnerplatz

Iglesia de San Francisco Javier

Silueta del palacio y de la catedral católica

Iglesia ortodoxa rusa de San Simeón

Vista desde el Carolabrücke

Palacio Japonés desde la Königstrasse

Caballerizas y Palacio

Iglesia Martin Lutero

Fuente del cólera. Diseño de Semper

Pozo artesiano en Albertplatz

Iglesia de Sn. Fco. desde Alaunplatz

Dreikönigskirche

Krenzkirsche

Iglesia de Sn. Fco. desde Görlitzer St.

Schloss Eckberg

Sendero de entrada al Museo Militar

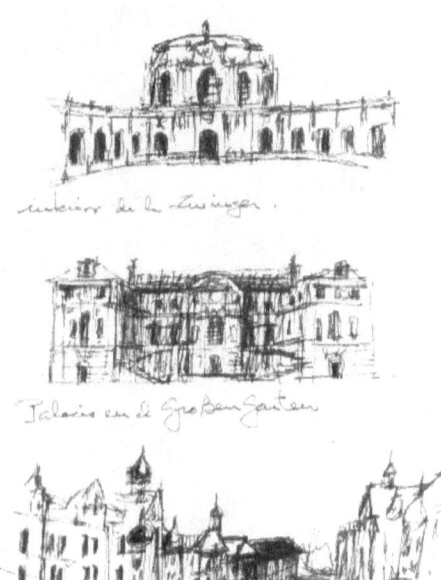

Schloss Moritzburg

Caballerizas, Palacio
Neustädter Markt
Palais japonés
Catedral y Ópera
Arciente Bouwerei
Casa del pueblo Republicano y Semperoper

Desde el Carolabrücke

Palacio, lado oeste

Portada del Palacio

Calvimontes

SEMIÓTICA URBANA
LA PAZ

Todo hábitat humano transmite su imagen. Así, la ciudad deja interpretar la suya en sus múltiples significantes, por las relaciones de sus atributos funcionales y formales; pudiendo transformarse ella a través del tiempo por cambios funcionales, porque hay una mayor persistencia de la forma. Pero también, en un mismo momento, puede variar su lectura según cada observador.

La Paz, pese a su transformación y en algunos casos por ella misma, ofrece al transeúnte la posibilidad de descifrar el significado de lugares consolidados, de los nuevos o de los que están en proceso, en las singularidades que se manifiestan en la complementación, la oposición, la correlación, el intercambio, la asociación, la secuencia o la yuxtaposición en su paisaje urbano actual.

En el sentido de identidad, pertenencia y apropiación de todo transeúnte influye cada lugar que él observa en su recorrido, aunque no alcance necesariamente a explicarse las significaciones de cada una. Esto es más posible que ocurra cuando él tiene recuerdos reflexivos de lugares singulares, tendiendo a conclusiones valorativas que le permiten comprender la imagen urbana.

Aparte de los condicionantes culturales del espectador y de la morfología de lo que observa, el significado puede depender del punto de vista que tenga para apreciar la perspectiva, de la distancia de su ubicación hacia el significante, de las condiciones de calidad y dirección de la iluminación y, en algunos casos, de la presencia de personas, vegetación o de vehículos en la escena.

Por lo tanto, existe la posibilidad de que un solo hecho arquitectónico o urbanístico, como lugar singular de la imagen urbana, pueda ser motivo de diferentes lecturas según varíen las condiciones de su observación. Aún así, dentro de un rango de significaciones se puede hallar un patrón común que haría de ellas solamente matices de la interpretación de un mismo significado.

Siendo inagotable la cantidad y variedad de las posibles apreciaciones de la imagen urbana en sus muchísimos configurantes, a continuación se expone, con una tipología bastante amplia, una muestra caracterizadora y representativa de la semiótica urbana de La Paz, considerando significantes singulares con relativa independencia espacial y con mayor interdependencia espacial.

Los tipos significantes representativos del grupo con una relativa independencia espacial –más arquitectónicos o monumentales–, se valoran por ellos mismos o por la relación visual que tienen con lugares lejanos o con el cielo. Presentan un equilibrio valorativo entre sus atributos formales y sus posibles atributos funcionales no tienen una significación que valga tomar en cuenta.

Los tipos del grupo con características que señalan mayor interdependencia espacial –más arquitectónico urbanísticos–, son más numerosos que los que tienen mayor independencia espacial. Además, permiten que se los pueda diferenciar según la predominancia que presentan de su espacialidad interior, de su relación con otros espacios o de la ocupación de su espacio interior.

El mayor número de posibilidades de encontrar lugares singulares entre los que tienen mayor interdependencia espacial, ayuda a comprender que el paisaje urbano produce más efectos en el relacionamiento que en el aislamiento de elementos. Esta consideración como toda otra que se desprenda de la tipología propuesta no implica ninguna valoración estética o una propuesta modélica.

ELEMENTOS SINGULARES CON RELATIVA INDEPENDENCIA ESPACIAL

Portal del Cementerio General

INFINITUD

Hito que magnifica la visión profunda del cielo y disminuye la relación del espectador con el paisaje inferior.

Eleva la vista sobre el entorno hacia la inmensidad.

Iglesia de San Sebastián

CULMINACIÓN

Espacio prolongado que, siendo parte de la obra, conduce la vista al fondo y jerarquiza lo más importante.

Dirige la visual hacia lo principal de la escena.

Catedral Castrense, Irpavi

INSERCIÓN

Edificio aislado cuya forma y emplazamiento atraen la mirada y evitan que ésta se desvíe al lejano panorama.

Concentra más interés en la obra que en su entorno.

Hospicio Carlos de Villegas, Av. 20 de Octubre

TRANSICIÓN

Obra arquitectónica cuya morfología permite que la circulación fluya vinculándola con otros espacios.

Relaciona espacios pero se siente que los diferencia.

Monumento a la Madre Patria

PUNTUACIÓN

Hito que acentúa un cauce, entre otros elementos semejantes y complementarios y una alta edificación lateral.

Interrumpe la visual pero refuerza la continuidad.

PERFILAMIENTO

Línea del cielo que expresa el significado de un nodo que tiene una obra aislada central destacada.

Resume los atributos de lo creado en su silueta.

Av. Fernando Guachalla

TRUNCAMIENTO

Primer plano cuya perspectiva se modifica por la presencia de otra obra de un aparente segundo plano.

Altera un plano la incorporación de uno posterior.

Palacio de Justicia

VALORIZACIÓN

Edificio cuya calidad arquitectónica favorece al conjunto de su entorno y proporciona la escala del recinto.

Realza su imagen al conjunto sin acusar contraste.

Obelisco, Av. Mariscal Santa Cruz

FOCALIDAD

Hito destacado por su altura y esbeltez, centro de un amplio nodo, que se puede observar desde muy lejos.

Atrae la atención y es referencia para orientar.

Recinto entre las calles Loayza y Colón

CERRAMIENTO

Lugar peatonal aislado de los edificios que lo flanquean y solamente conectado con la vialidad urbana.

Disminuye la relación y ambienta el detenimiento.

LUGARES SINGULARES CON MAYOR INTERDEPENDENCIA ESPACIAL
PREPONDERANCIA DE LA ESPACIALIDAD

Portal de El Montículo

INMEDIATEZ

Obra de acceso que, por su alta calidad, valoriza lo que se puede encontrar a continuación una vez transpuesta.

Induce a ver lo que está próximo, sin mostrarlo.

Plaza Emilio Villanueva

EQUILIBRIO

Conjunto de edificios que guardan correspondencia entre ellos, en forma indiferente a la época de su creación.

Organiza la permanencia de diferentes estilos.

Calle Catacora y Plaza Riosinho

EXPECTATIVA

Cauce algo estrecho y con fondo que, estando abierto a sus lados, se ve poco pero se aprecia más amplio.

Previene un cambio en las percepciones espaciales.

Pasaje Inca, San Sebastián

CONFRONTACIÓN

Relación distante entre un recinto y un hito, que se valora por la diferencia de alturas y configuración.

Compara un nivel casi cerrado con otro abierto.

Plaza Frías

BIFURCACIÓN

Nodo con edificio de fondo que separa los pasos divergentes hacia otros lugares, sin diferenciar su calidad.

Separa alternativas y ofrece la oportunidad de decidir.

Callejón M. López O., Calle Catacora

ESTRECHAMIENTO

Senda larga y angosta por la proximidad de la edificación lateral, sin interferir la comunicación longitudinal.

Limita la perspectiva lateral alargando la profundidad.

Plaza Isabel La Católica y Av. Arce

FLUCTUACIÓN

Cauce de espacios configurados por diferentes elementos urbanos que remarcan diferencias en la verticalidad.

Alterna la observación de espacios de diferente altura.

Calle Catacora

ONDULACIÓN

Curvas en la relación de espacios sucesivos que, por su distinta orientación, se iluminan de diferente forma.

Serpentea el recorrido de un proceso visual.

Av. Camacho y el Illimani al fondo

PROFUNDIDAD

Cauce alargado con edificación lateral alta que se abre, sin transiciones visuales, a un prístino paisaje.

Prolonga el espacio con la vista a una remota lejanía.

Final de la Calle Juan José Pérez

RETARDACIÓN

Espacio que, al ser escalonado, en su ascenso motiva la apreciación paulatina de sus elementos configurantes.

Condiciona el recorrido favoreciendo al proceso visual.

Av. Montes y Calle Ingavi

SOBREPOSICIÓN

Un cauce inferior se relaciona con otro superior y en un plano posterior por la vialidad y por la visibilidad.

Relaciona distintos niveles en diferentes planos.

Catedral y el Museo de Arte

CONTRASTE

Perspectiva de dos edificios ubicados en un mismo plano pero de pronunciada diferencia de proporciones.

Enfrenta la proporcionalidad con diferentes escalas.

Iglesia de María Auxiliadora

VELAMIENTO

Cortina de follaje arbóreo que, enmarcando, permite ver en forma anticipada un edificio posterior.

Tamiza la percepción de un lugar de pronto encuentro.

Templete Tiwanaku y Estadio Siles

VIBRACIÓN

Nodo con proximidad organizada de elementos urbanos importantes con diferentes funciones y proporciones.

Sacude con una morfología disímil pero compatible.

Terminal Terrestre, ex Aduana Nacional

VESTIBULACIÓN

Edificio importante por su calidad y proporciones, valorizado por la anteposición de un espacio libre y amplio.

Retrocede el punto de vista de la perspectiva.

Vista de La Paz desde El Montículo

GRANDIOSIDAD

Extenso paisaje urbano con borde posterior que enriquece al lugar ocupado para su observación.

Amplía el panorama de un paisaje dilatado.

PREDOMINANCIA DE LA RELACIÓN

Espacio peatonal en la Casa de la Cultura

ENCLAVAMIENTO

Nodo cuya morfología y función son distintas pero complementan las de los edificios que lo enmarcan.

Incorpora algo diferente al medio que lo circunda.

Vista desde la Calle Juan de la Riva

DIFERENCIACIÓN

Lugar próximo cuya percepción induce a observar, comparando, un paisaje urbano distinto en calidad.

Distingue la percepción de dos lugares diferentes.

Plazoleta Reyes Ortiz, Av. Arce
INCERTIDUMBRE

Cauce que tiene al extremo un edificio que no se puede apreciar bien por la localización del punto de vista.
Advierte que existe un fondo indefinido y semioculto.

Portal del Museo Costumbrista
EXPECTATIVA

Obra que, por estar abierta al paso, encauza el acceso a un recinto interior que se ve claramente.
Anticipa la visión e invita a ingresar en otro recinto.

PREDOMINANCIA DE LA OCUPACIÓN

Plaza San Fransisco y Plaza de los Héroes

DIVERSIDAD

Nodo de gran dimensión y sin estructurar, con funciones de diferente naturaleza y poco organizadas.
Confunde la presencia de usos poco definidos.

Plaza Murillo

FORMALIDAD

Recinto focal estructurado y rodeado de edificios con diversas pero compatibles funciones importantes.
Preserva en forma organizada un lugar central.

Paseo El Prado

ENCAUZAMIENTO

Espacio alargado con diferenciación de la circulación vehicular y peatonal, con obras especiales para ésta.

Ordena flujos y los separa por la ambientación.

Calle Jaén

QUIETUD

Senda peatonal de escasa circulación, flanqueada por elementos consolidados y de calidad uniforme.

Recuerda otras formas y provoca un lento recorrido.

VITALIDAD
Encuentro nodal de diversas e intensas funciones urbanas, vecinas a vías vehiculares de gran movimiento.
Despierta una sensación de caótico dinamismo.

ESPACIOS PÚBLICOS URBANOS Y HUMANISMO

EL CORAZÓN DE COYOACÁN

Hay espacios públicos urbanos notables. Entre los paradigmáticos están los que se van haciendo en el tiempo y en el espacio, como símbolos de permanencia sostenible, transformándose y actualizándose cada vez en procesos paulatinos, bajo pocas normas y sin rigideces formales, con admiración y agrado de sus visitantes, con respeto y cariño de sus ocupantes permanentes.

Su condición esencial es tener permanente vitalidad informal, especialmente los fines de semana, por la concurrencia de vecinos, gente de otros barrios, turistas que buscan lugares con autenticidad, amenos y pintorescos; la presencia de artistas: pintores, músicos y quizá hasta estatuas vivas, que amenizan y entretienen; la de algún perro, preferible con su dueño, palomas y avecillas.

Esos espacios tienen algunas características y dotaciones comunes:

Favorecen al peatón y si tienen circulación vehicular ésta es liviana y local. Están ocupados por funciones compatibles entre sí, que se desarrollan en gran parte de cualquier día de la semana para atender deseos de encuentro, descanso, distracción, paseo y eventuales compras. Tienen facilidades para el que busca recorrerlos sin más propósito que disfrutarlos, sin prisas.

0Satisfactores intrínsecos, que son los simples y sencillos del mobiliario urbano, los artefactos que se distribuyen para facilitar su ocupación: bancos, basureros, letreros, luminarias; las obras de ornato, que son hitos del recuerdo; los arreglos de jardinería y los árboles o conjuntos arbolados, que completan el paisaje, dan sombra y color, y alejan el bullicio urbano.

Pueden estar complementados, en proporción conveniente, por:

Locales de una gran variedad, periféricos o internos, permanentes o eventuales, fijos o móviles, cuya característica es ser pequeños y ofrecer cosas de uso personal. Unos son los locales o puestos de comercio de impulso o venta rápida, en los que se puede ofrecer libros, obras de arte y artesanía, instrumentos musicales, antigüedades, perfumes.

Otros son los de comercio de oportunidad y uso inmediato, donde se puede vender comida al paso o no tanto, helados, golosinas, fruta, revistas, periódicos, flores; u ofrecer servicios como el revelado de fotos, peluquería. También pueden existir edificios o instalaciones para desarrollar o exponer manifestaciones de cultura o culto.

Esos lugares son estructurantes de la morfología urbana y fácilmente apropiados por la ciudadanía, que al llegar a ellos espontáneamente mejora su calidad de vida y, al mismo tiempo, enriquece su identidad y sentido de pertenencia, porque encuentra los ámbitos que favorecen una vida comunitaria con plenitud, al dar oportunidades de integración, convivencia e interacción.

Aparte del aseo de esos lugares, de algunas condiciones para su ocupación en relación con la publicidad visual o sonora, y de la edificación perimetral que debe respetar la armonía del conjunto, lo principal es que se sigue una autorregulación afianzada en el tiempo por prácticas de perfeccionamiento permanente, precisamente como producto de una fuerte y auténtica apropiación ciudadana.

Su concepto no es extraño al pensamiento urbano colectivo ni una idealización. Los Centros Comerciales pretenden emular sus atractivos, en lugares privados con acceso limitado por horarios, generalmente cubiertos, sin posibilidades de evolución y con verde decorativo. Lo más significativo es que no producen sentimientos de apropiación y su objetivo primordial es vender.

A los auténticos espacios públicos urbanos descritos, unas veces hay que buscarlos para disfrutarlos, otras para recuperarlos. En el estudio de la semiótica urbana, una vez que se los identifica, no es difícil conceptualizarlos, percibir su forma y traducirla en imágenes, para describir sus manifestaciones y valorarlas, explicando su paisaje, reflexionando sobre su recorrido, conservando su recuerdo.

Escoger en uno de ellos un recorrido significa realizar una selección y secuencia de hechos y sus componentes, con el fin de definir el medio de expresión y la sintaxis conveniente para interpretar en forma ordenada lo observado mediante una formulación icónica que represente cabalmente a la estructura real y sus atributos, para que su existencia sea conocida y reconocida.

Entre esos lugares, paradigmas del urbanismo humanista........

EL CORAZÓN DE COYOACÁN

Hay un lugar especial en la gran urbe, un espacio cuya calidad merece ser destacada, porque sus elementos y composición dan genuinos y peculiares valores ambientales para la convivencia.

La gente lo denomina de muy diferentes formas, por lo que ahí busca o por alguna de sus características, con cariño y añoranza o hasta con formalidad; siempre con gran simpatía.

A él se va por varios motivos: por la iglesia, a pasear, por nieves o quesadillas, a tomar café; diciendo que se va al jardín tal o a la plaza cual, al centro de la villa o al zócalo de la delegación.

El conjunto, de varios recintos, no tiene una denominación reconocida, parece que ni le hace falta; sin embargo, es un ámbito urbano conocidísimo, celebrado y recordado por todos.

Se ubica en un lugar que el hombre, por milenios, ha preferido como asentamiento, desde el primitivo hábitat en el valle hasta convertirlo en el crisol de la nacionalidad mexicana.

Ha sido testigo a través del tiempo de importantes hechos cívicos, religiosos y culturales; cada uno de sus elementos es vivo testimonio de un proceso cuajado de mil y mil acontecimientos.

Es un espacio urbano que nació en un lugar especial y fue madurando lentamente, que se desarrolló con la humanidad misma que lo ocupó, día a día, acomodándose a los tiempos.

Ha servido, en sus diferentes partes y en distintas épocas, como mercado, plaza, cementerio, campo deportivo, centro de transporte; siempre como lugar de encuentro o despedida.

Modelado en el tiempo, es atractivo por sus armónicas proporciones, composición, paisaje, entorno edificado y elementos interiores como la cruz, la fuente, los coyotes, el kiosco, el monumento.

Sin embargo, ese espacio no podría valorarse sin la presencia humana que lo anima, que justifica su existencia, que lo hace un importante nodo de la gran urbe y un lugar preferido por muchos.

A él se llega desde diferentes direcciones. Yo llegué por la calle Francisco Sosa, paseando por la historia, para poder recordar, para conservar su imagen, la de un momento de su existencia.

El Corazón de Coyoacán prueba la dignidad de lo que tiene identidad propia, el cálido ambiente humano, el perfil de su armonioso marco edificado y texturas, color, sonido, verdor, que se disfrutan caminando.

Iglesia detrás del follaje del parque

1. Después de pasar bajo unos arcos del siglo XVI y, estando cerca de los cafés de amable tertulia, pude ver entre el follaje la iglesia de San Juan Bautista y el pórtico llamado de Los Peregrinos.

Parque Centenario y la Cruz de Misiones

2. Seguí hasta el atrio y dándome vuelta a la altura de ese Pórtico vi el Parque Centenario en toda su amplitud. A media distancia la Cruz de Misiones, como hito en el tiempo y en el espacio.

Calle Carrillo Puerto y Plaza Hidalgo

3. Tomando la derecha fui hacia el norte y, dejando atrás el atrio, entré en la Plaza Hidalgo hasta tener al frente el romántico kiosco centenario y a un costado el monumento al patriota.

Iglesia de San Juan Bautista

4. Caminando un poco más, volteando, vi la iglesia de lado y el arco barroco mestizo, antiguo ingreso al cementerio de la comunidad religiosa, como eje que jerarquiza al atrio, al jardín y a la plaza.

Calle Allende y casa de Hernán Cortés

5. Rodeando la plaza por el oriente, llegué hasta la calle Allende, para conseguir una buena perspectiva de la que dicen fue la casa de Hernán Cortés, frente al lugar más quieto del conjunto.

Calle Aguayo hacia el sur

6. Seguí hasta la calle Aguayo y dirigí la vista hacia el sur, en dirección al atrio y más allá, teniendo a mi derecha el ingreso a la feria de artesanías, instalación que complementa al conjunto.

Jardín Centenario

7. Por la misma dirección llegué a la esquina del Jardín Centenario y, mirando al poniente, lo vi nuevamente desde otro ángulo, disfrutando del paisaje urbano, omitiendo vehículos.

Vista desde la Calle Carrillo Puerto

8. Después salí por Carrillo Puerto. A la despedida volví la vista, para tener en primer plano la Cruz de Misiones, con el fondo de la Plaza Hidalgo y en las alturas una bandada de aves........

ENTORNO DE LA PAZ

La localización de la ciudad de La Paz, determinada por la necesidad de dominar rutas y contactos, hizo importante su emplazamiento en un ámbito cuyas peculiaridades condicionaron la morfología urbana. Aunque prevalece la función dominante original, acompañada por la administrativa y la de servicios, la ubicación de la urbe en un sitio singular por su geografía y ambiente identifica a la ciudad y la hace única, caracterizándola con su grandioso paisaje natural, fundido con el urbano, que ofrece una calidad visual de excepcional categoría, por los diversos impactos de gran valor plástico que se manifiestan vigorosos, en diferentes direcciones, en general en un clima suave y con una todavía clara atmósfera, valorizada por la fuerte insolación que dramatiza los claroscuros de los elementos naturales y creados.

CONFIGURACIÓN URBANA DADA POR UNA COTA Y LOS CURSOS DE AGUA.
La mancha urbana y la línea de los 3.700 m.s.n.m.
La parte urbanizada por encima de ese nivel está en gris.

El emplazamiento de la ciudad en la baja cuenca del Río Choqueyapu entre la cota promedio de 4.100 m.s.n.m. en lo alto de los cursos de agua y la de los 3.200 en la garganta de Aranjuez, está definido por la dura fragosidad orográfica. La morfología urbana resultante, dada por el trazado, la edificación y los usos del suelo, presenta una figura con una dirección predominante del noroeste al sudeste, y se asocia con la línea de los 3.700 m que, al circunvalar a las áreas con menores pendientes, también lo hace a la mayor parte de la urbe. La forma de esa curva de nivel, rectora de la ciudad en las áreas de reciente expansión, en combinación con los cauces de los cursos de agua que la penetran y la red que forman por debajo de ella, es semejante a la hoja del *platanus occidentalis*, cuyo tallo sería la garganta de Aranjuez y su nervadura la red hidrográfica donde se puede identificar a los principales ríos de la cuenca.

El valle principal, definido por la línea del cielo u horizonte natural del Noroeste hasta el Sureste en el gran arco de la Ceja de El Alto y las serranías del Sur, está acompañado por otros que, en su general dirección hacia Aranjuez, entre ellos y en relación con el primero hacen una decena de unidades de paisaje, con la tramontana adicional de Mallasa. Debido al abanico que forman dichas unidades por sus diversas orientaciones, y la diferencia de altura entre el fondo de los estrechos valles y sus cercanas líneas del cielo, la insolación y la duración del amanecer y del anochecer son desiguales, y se estima que en promedio se pierde entre dos y tres horas diarias de sol según la época del año; valores que son importantes debido a que por su elevada altura, pese a su latitud muy favorable, tiene temperaturas inferiores a las que corresponden a lugares con esa misma latitud ubicados más cerca del nivel del mar.

La parte alta de la ciudad, de la cuenca del Río Choqueyapu, tiene su fondo Norte en el valle de Liman Pata y su valle principal, está enmarcado al Oeste con la Ceja de El Alto y al Este con la serranía que, bajando de la alta meseta de Huari Pampa, se interrumpe en Killi Killi y Santa Bárbara. Ahí se realiza la vinculación con el valle del Río Orkojahuira que, en su parte superior, se dobla hacia el Noroeste por la forma de la indicada serranía y tiene al Sureste la cuchilla de Chuquiaguillo. Al Sur del paso entre esos dos valles aparece el pequeño estribo del Laikakota que separa sus partes inferiores. A esa altura el primer valle está bordeado por Llojeta y Kantutani y el segundo está flanqueado al Este por la meseta de Pampahasi al pie de la cumbre que valoriza a la indicada cuchilla. Los ríos de cada valle, Choqueyapu y Orkojahuira, tienen su oculta confluencia en una angosta garganta poco antes de Obrajes.

En la parte baja de la ciudad, con su frente principal en las serranías del Sur, el final de la Cuchilla de Chuquiaguillo, luego de bordear a Obrajes por el Este y ofrecerle el hito del pico Kaleri, acaba en la unión de los Ríos Choqueyapu e Irpavi. Desde ese encuentro frente a la angostura de Aranjuez, con sus guardianes Vilaque y Chuaña, se halla la parte oriental de la urbe, con cuatro valles, a partir del más amplio que de Oeste a Este llega a Ovejuyo. La configuración de esos valles a los que se accede por el principal (excepto al fondo del formado por el Río Irpaví, que se vincula mejor con el centro de la ciudad por Pampajasi) está definida por las estribaciones de la Cuchilla de Chuquiaguillo, Chicani y los Cerros Chachacomani e, interiormente, por las estrechas mesetas de Irpaví y Achumani, los farellones del Aruntaya y la áspera formación de barro que baja del Curakollu hasta Huancani.

Con ese marco ambiental, el paisaje de la urbe es fuente de admiración e inspiración para propios y extraños; en el tráfago diario impone sus características formales, por la apreciación inconsciente de la íntima relación de la ciudad con su entorno, expresada por el lenguaje de la naturaleza y del medio trasformado, en diferentes colores y texturas, alturas y pendientes, volúmenes y espacios, luces y sombras, cielo e insolación. Ésta es determinante por animar la atmósfera, el medio que por su persistente transparencia permite que se extiendan las influencias visuales del paisaje: durante el día con diferentes valorizaciones por las nítidas áreas iluminadas o sombreadas; y, en los crepúsculos, por las dominantes siluetas formadas por las líneas del cielo generalmente sobre un fondo muy azul. En cambio, en la noche se disfruta el alegre efecto panorámico de las multicolores luces de edificios, vías y vehículos en el accidentado relieve.

El habitante de La Paz, espectador sumergido en el objeto de su percepción, no puede ser indiferente a las emblemáticas cumbres del Illimani y las rocas abruptas de la Muela del Diablo, la línea de la ceja de El Alto, las cárcavas de Kantutani y Llojeta, las laderas multicolores del Condorsamaña y del Challaloma, el hermoso trasfondo del Valle de Luna junto a Mallasa, la serranía de Aranjuez hasta la catedral erosionada de Las Ánimas y los cuernos del Pararani, la detenida ola de barro de Huancani separada por el panorama del Chicani de los precipicios del Aruntaya, el encajonamiento de Chinchaya bordeado por la Cuchilla de Chuquiaguillo, las faldas del Calvario en defensa del alto páramo de Huari Pampa y el casi desfiladero de Achachicala con su rosario final de prístinas lagunas. Más mil picos, cumbres, laderas y barrancos; en general con topónimos ancestrales en una tupida red de delgados cursos de agua.

Con un estupendo telón de fondo y para una ya agitada vida urbana: cansadoras cuestas peatonales y avenidas con los menores declives posibles, la edificación colgada de los cerros, nodos bullentes de actividad y complicadas encrucijadas, miradores hacía dentro y hacia fuera, la inclinada antigua cuadrícula central, hitos y bordes esenciales, vericuetos y callejones en la media pendiente, pobre y pintoresca apropiación de las altas laderas, su único y concurrido paseo, contadas plazas y pequeños parques, calles con absurdas gradientes, el sombrío bosque en el norte y el festivo en el sur donde acaba la urbe, su agreste parque central con esperanza de futuro, los bonitos barrios de antaño, la anárquica y agresiva publicidad, el valioso patrimonio urbano que no quiere desaparecer, la tupida maraña de los cables aéreos y el insolente graffiti, la escasa pero alegre vegetación y lo que hay de excelente arquitectura.

Calvario en la Zona Norte
Antiguo punto focal de la urbe, ahora abigarrado Calvario.

Cerro de Killi Killi
Killi Killi, estribación insertada y mirador del centro.

La preponderancia del anónimo custodio de Miraflores.

Un Illimani de barro, visto desde Bellavista.

Primer bastión de las profundas cárcavas de Llojeta.

Al final de Obrajes, sensación de cambio de nivel por el picacho del Kaleri.

Cresta del Chuaña en el ingreso a la garganta de Aranjuez.

Los omnipresentes altos riscos de la Muela del Diablo

Aristas y profundos precipicios del Aruntaya de Achumani.

Cortes y farellones del oculto Chiarjaque.

Extenso gótico final del Parani y del Curakollu en Ovejuyo.

PINÁCULOS EN SANTIAGO

Calamontes

Calamontes

SERIES EN TÉCNICAS

ACUARELAS EN GRIS

ALEMANIA

BOLIVIA

CHILE

MÉXICO

PRAGA

KALMAR, SUECIA

VENECIA

GARABATOS CON LÁPIZ

Castell Coch, F. Jakosa

Castillo de Ávila en México D.F.
Instituto Cultural Helénico

VIENDO EN DOS MUNDOS

PUEBLOS Y CIUDADES

AMÉRICA

BOLIVIA

Casco central de La Paz

Av. Camacho

Vista desde el Laikacota al suroeste, La Paz

Plaza San Francisco, La Paz

Casa Posnansky

Casa victoriana, La Paz

Embajada del Brasil, La Paz

Obrajes y la Muela del Diablo

La Paz y el Illimani

Basílica de Copacabana

Copacabana, La Paz

Copacabana, La Paz

Guaqui, La Paz

Laja, La Paz

Tiwanaku, La Paz

Tiwanaku, La Paz

Suapi, La Paz

Chulumani, La Paz

Coripata, La Paz

Coroico, La Paz

Irupana, La Paz

Luribay, La Paz

Caracollo, La Paz

Sucre

Sucre

Sucre

Sucre

Tarabuco, Chuquisaca

Cochabamba

Cochabamba

Cochamamba

Cochabamba

Arani, Cochabamba

Cliza, Cochabamba

Punata, Cochabamba

Quillacollo, Cochabamba

Tarata, Cochabamba

Santa Cruz

Potosí colonial

Iglesia de San Benito, Potosí

Tupiza, Potosí

Tarija

Tarija

Tarija

Oruro

Oruro

Riberalta

Trinidad

Cobija

Iglesia del Señor de la Exaltación, Obrajes

PERÚ

Municipalidad de Lima

Iglesia de la Merced en Lima

Lima, Perú

Arequipa, Perú

Chiclayo, Perú

Huancayo, Perú

Bagua, Perú

Chosica, Perú

Huacho, Perú

Jauja, Perú

Jauja, Perú

Piura, Perú

Puno, Perú

CHILE

Municipalidad de Providencia, Santiago

En Providencia, Santiago

Museo de Bellas Artes, Santiago

Catedral, Santiago

El Golg, Santiago

Calle New York, Santiago

Iglesia en Nuñoa, Santiago

Sacramentinos, Santiago

Valparaiso, Chile

Valparaíso, Chile

Valparaíso, Chile

Concepción, Chile

Puerto Varas, Chile

ARGENTINA

Buenos Aires

Buenos Aires

PARAGUAY

Asunción

Asunción

BRASIL

Brasilia

Rio de Janeiro

San Pablo, Brasil

San Pablo

Brasileia, Brasil

COLOMBIA

Bogotá

Bogotá

VENEZUELA

Caracas

Colonia Tovar, Venezuela

MÉXICO

México D.F.

Diana Cazadora, México D.F.

El Ángel, México D.F.

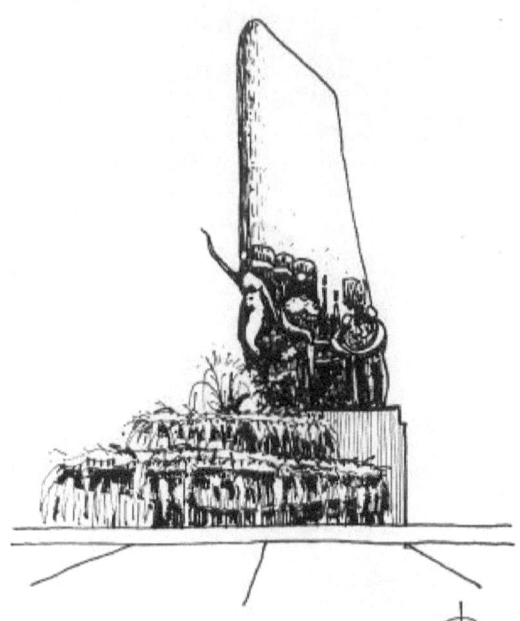

Fuente de Petróleos, México D.F.

En Av. Reforma, México D.F.

En Av. Reforma, México D.F.

Castillo de Ávila, San Ángel, México D.F.

Terremoto 85', México D.F.

Mimiahuapan, México

Cuernavaca, México

Taxco, México

Taxco, México

PUERTO RICO

San Juan, Puerto Rico

San Juan, Puerto Rico

ESTADOS UNIDOS

Miami

EUROPA

ALEMANIA

Casa de Gobierno de Dresde, Alemania

Iglesia de San Pablo, Dresde

Casco de Dresde, Alemania

Castillo en Dresde, Alemania

Rathaus de Plauen en Dresde

Rathaus de Plauen en Dresde

Plauen, Dresde

Berlin

Munich

SUECIA

Växjö, Suecia

Alvesta, Suecia

Växjö, Suecia

Borgholm, Suecia

Borgholm, Suecia

Kalmar, Suecia

Malmö, Succia

FRANCIA

Paris

Paris

Castillo de l' Herm, Francia

ITALIA

Nápoles, Italia

Roma

Venecia

Venecia

Venecia

REP. CHECA

Puente de Carlos, Praga

Praga

RUSIA

Moscú

Moscú

DINAMARCA

Copenhague

Y DE YAPA...

DIBUJOS DE UN TRAZO

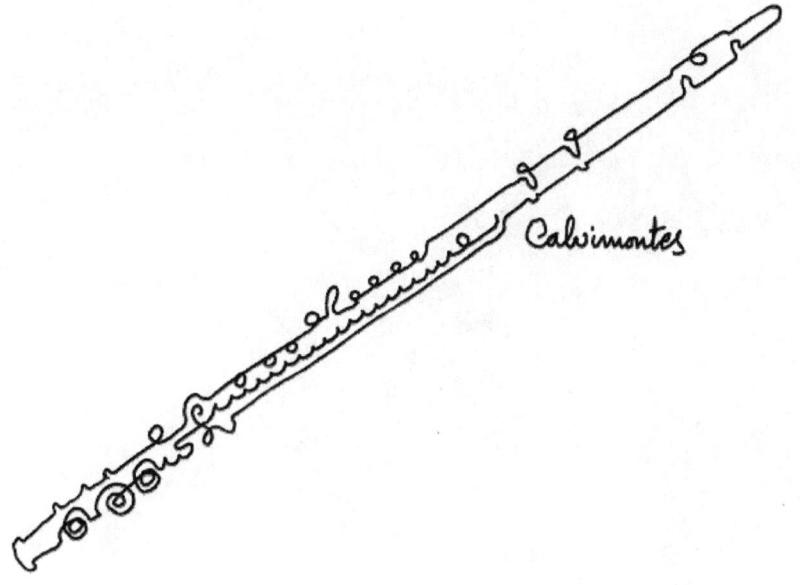

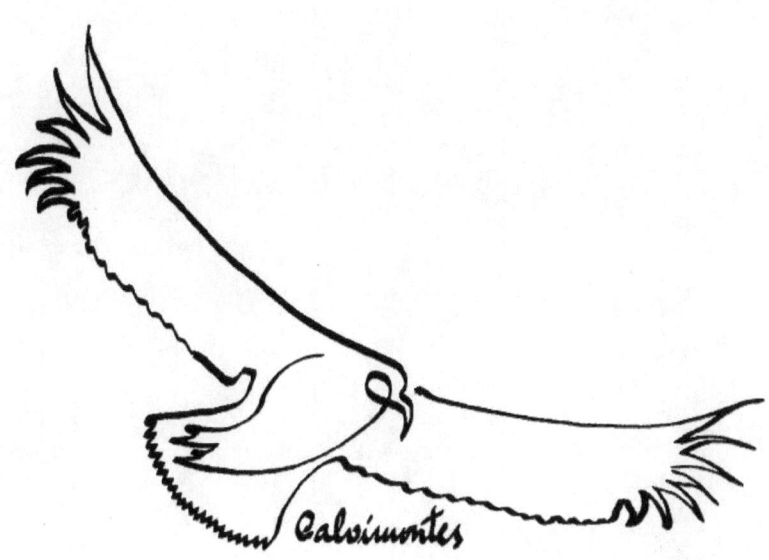

*Caricia
de perfume
más vale
que signos y fragancia*

Calvimontes

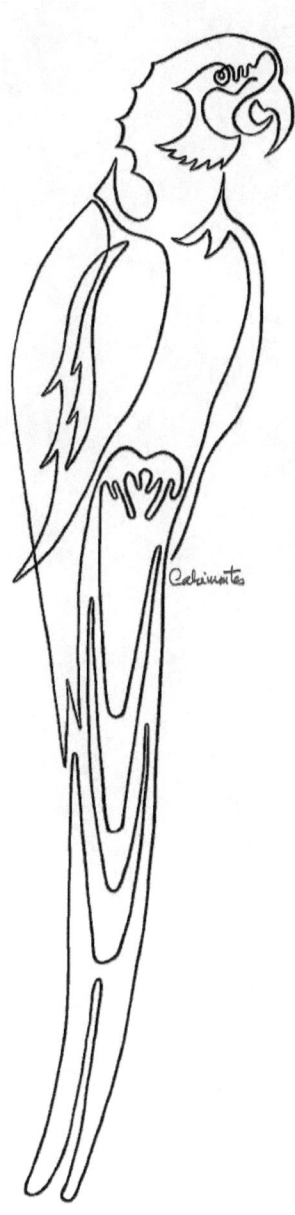

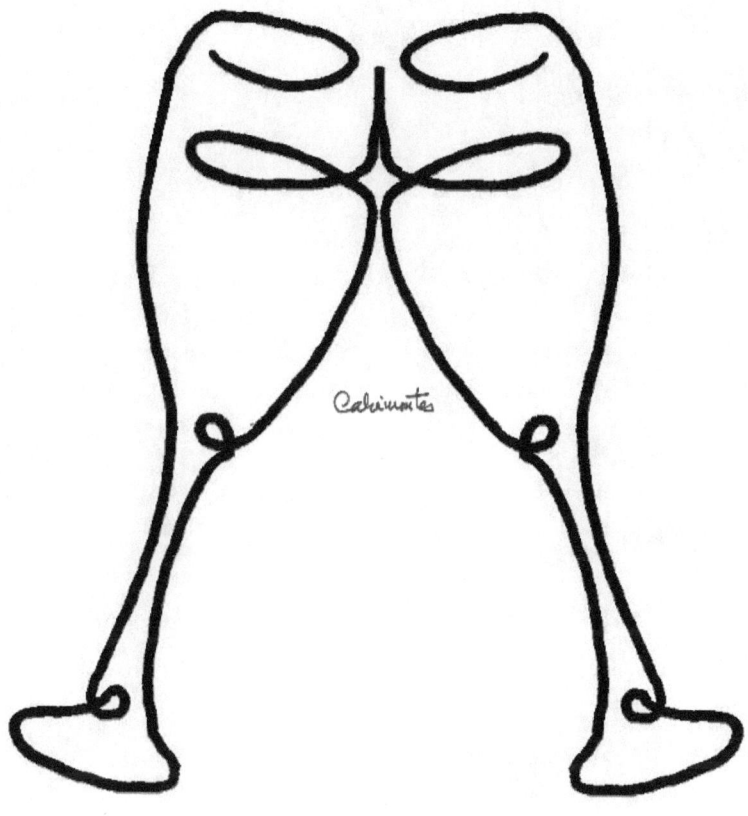

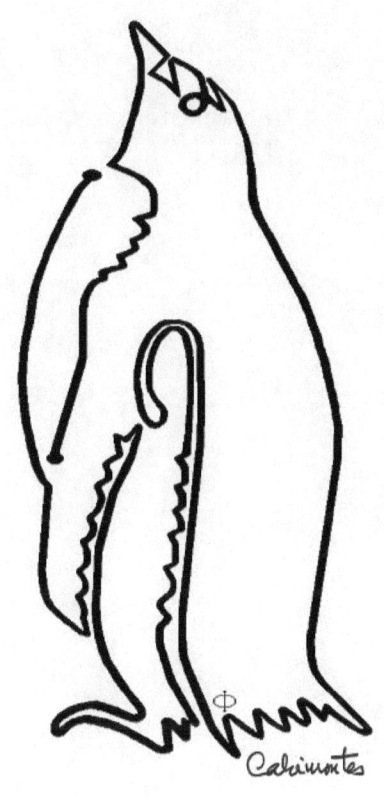

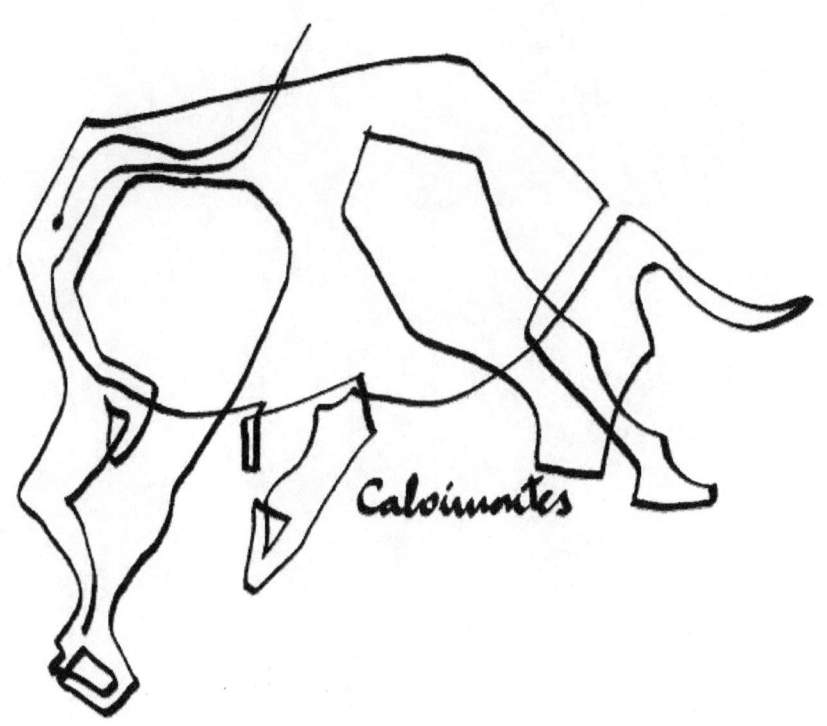

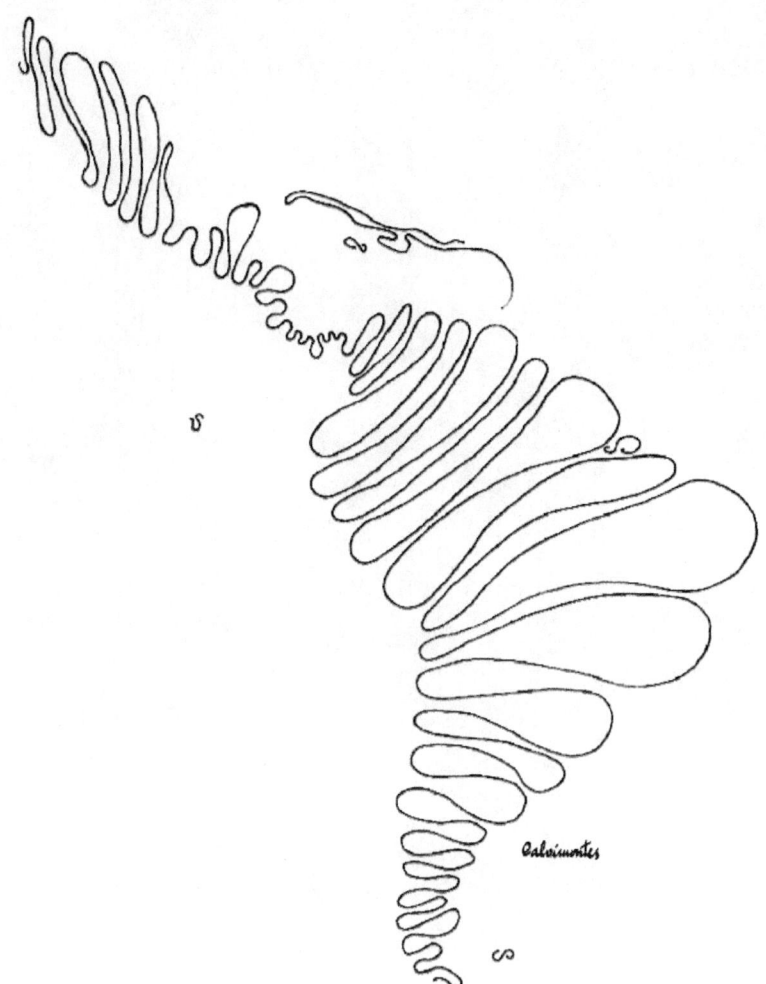

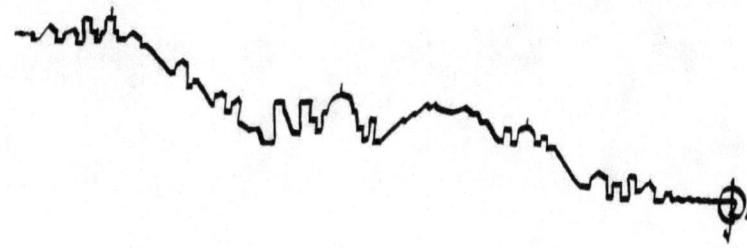

@ditando
**Edición de e-books, libros, tesis y textos en general.
Publicación para descarga o impresión por demanda**

www.e-ditando.com

contacto@e-ditando.com

www.ingramcontent.com/pod-product-compliance
Lightning Source LLC
Chambersburg PA
CBHW021757220426
43662CB00006B/88